QUELQUES

VIEUX USAGES

DU

DIOCÈSE DE LANGRES,

Tirés des archives du prieuré d'Aubigny (Haute-Marne).

QUELQUES

VIEUX USAGES

DU DIOCÈSE DE LANGRES,

Tirés des archives du prieuré d'Aubigny (Haute Marne).

LANGRES,

IMPRIMERIE E. L'HUILLIER

1865.

QUELQUES

VIEUX USAGES

DU

DIOCÈSE DE LANGRES,

Tirés des archives du prieuré d'Aubigny (Haute-Marne).

I

Parmi les sources historiques qui étaient restées inexplorées jusqu'à ces derniers temps, il faut mettre en première ligne les archives religieuses et communales de nos villages, les comptes de fabrique des paroisses de la campagne et même de la ville, leurs modestes registres baptistères, en un mot tous ces *vieux papiers qu'on y peut rien voir (sic)*, ainsi que l'écrivaient, en 1790, ceux qui dressèrent l'inventaire des titres d'une grosse paroisse des environs de Langres. Aujourd'hui, grâce à la persévérante curiosité des historiens, des archéologues, des paléographes de chaque localité, on y peut voir des choses fort intéressantes et fort utiles. Souvent même on y découvre des faits inconnus, ou bien des documents qui permettent de rectifier des faits erronés. C'est ainsi qu'on a publié récemment les actes de naissance et de décès d'un grand nombre de personnages dont les dates avaient été mal déterminées dans les biographies.

M. Desnoyers, dans l'*Annuaire de la Société de l'Histoire de France* ; M. d'Arbois de Jubainville, dans diverses publications relatives à la ville et au diocèse de Troyes ; M. de la Fons-Mélicocq, dans le *Bulletin du Bouquiniste,* et un grand nombre d'autres écrivains distingués par leur érudition, ont prouvé le parti avantageux qu'on pouvait tirer de ces documents inédits, généralement trop négligés. Le gouvernement lui-même l'a bien compris : par ses ordres et par ses soins, on a commencé l'immense travail de dresser les inventaires sommaires de toutes nos archives communales antérieures à la révolution. Personne ne peut douter de l'utilité qui en résultera pour notre histoire locale. Pour un simple village, en effet, son histoire est presque tout entière dans ses archives, surtout s'il a eu le bonheur de posséder une paroisse ou un établissement religieux ou charitable remontant un peu haut. Trop souvent, nous le savons, les archives ont disparu avec l'établissement, emportés l'un et l'autre par le flot révolutionnaire ; c'est à peine s'il en reste quelques débris, à l'aide desquels on suit difficilement la marche du temps à travers les siècles. Heureuses les communes qui ont pu sauver de ce naufrage la presque totalité de leurs liasses et de leurs poudreux parchemins ! C'est le cas du village d'Aubigny, situé dans le canton de Prauthoy, arrondissement de Langres.

II

M. l'abbé Jules-Didier Vincent, qui fut nommé curé en
1858, retrouva, dans une vieille armoire vermoulue, les
anciennes archives de sa paroisse, composée autrefois des
villages de Vaux et d'Aubigny, auxquels fut longtemps
adjoint celui de Couzon. On sait qu'Aubigny possédait un
prieuré célèbre, fondé en 1098, par Eudes de Montsaugeon,
et maintefois enrichi des pieuses libéralités de ses successeurs, qui y avaient leurs tombeaux. Plus tard, probablement au xiii⁰ siècle, le prieuré paraît avoir perdu un peu
de son importance, tandis que le village prenait assez d'ac-
croissement et formait une paroisse, dont la direction spi-
rituelle était confiée au prieur, ou à un vicaire nommé
par lui.

Ce n'est que de cette seconde période de l'histoire d'Aubigny que nous avons retrouvé les archives; la pièce la
plus ancienne remonte à 1307. Il n'y en a qu'un petit
nombre d'autres qui soient également du xiv⁰ siècle; celles
du xv⁰ et du xvi⁰ sont réellement abondantes; nous en
avons compté au moins cinquante. La plupart d'entre elles
sont rédigées en français, de sorte que, indépendamment
de leur objet, elles peuvent présenter une certaine utilité
au point de vue de l'étude de la langue. Pour les derniers
siècles, on le comprend, l'intérêt ne se soutient pas : il y
a peu de chose à glaner au milieu des baux, contrats, ré-
cépissés, donations et autres actes analogues.

Nous avons classé toutes ces pièces pour M. le curé
d'Aubigny, qui a bien voulu nous les confier. Quoique
nous nous soyons borné à les mettre dans l'ordre purement chronologique, l'étude que nous en avons faite nous
a permis de les apprécier. Plusieurs d'entre elles mériteraient d'être publiées *in extenso*, dans les *Mémoires de
la Société historique et archéologique de Langres* ou dans

quelque autre recueil du même genre. Pour nous, notre but spécial a été d'en extraire tout ce qui pouvait avoir rapport aux usages les plus curieux, aux vieilles coutumes, aux prix de certaines denrées ou marchandises, tels qu'ils existaient dans le diocèse de Langres durant le moyen âge et les siècles suivants. C'est surtout dans les comptes de la fabrique d'Aubigny que nous avons rencontré une foule de traits intéressants et peu connus. Pour simplifier nos citations et préciser davantage les époques, nous nous contenterons d'indiquer l'année que portent les pièces d'où elles sont tirées.

III

Le premier fait qui se présente, dans l'ordre des dates, est tout à la fois un événement historique et un trait du droit coutumier local. Nous l'extrayons d'une charte du roi Charles V, écrite sur parchemin et munie d'un beau et grand sceau de cire verte, avec de nombreux cordons de soie rouge et verte. Une autre particularité encore plus intéressante pour la Haute-Marne, c'est que cette pièce est signée de Jean de Coiffy, qui est, sans aucun doute, ce Jean Legros, notre compatriote, chapelain et secrétaire de Charles VI.

Ces lettres du roi de France sont datées du mois de décembre 1373 ; elles rapportent, mot à mot, et confirment celles de l'évêque de Langres, données le dimanche après la Saint-Vincent 1364, ce qui répond, d'après notre manière actuelle de compter, au dimanche qui suivit le 22 janvier 1365. Guillaume de Poitiers, évêque de Langres, fait savoir que :

« Comme de nouvel en la forteresse de la ville de Montsauljon soient cheuz et ruynez deux pans des murs, ensemble les eschisses qui sus estoient, et pour ce que la chose estoit tres périlleuse et en grand doubte pour tout le pais et la terre, nos gens aient ordonné que pour maintenir les diets murs et eschisses soient reparez et mis en point et redreciez ; laquelle chose si hastivement ne povoit estre faicte sans granz fraiz et missions, lesquelz les habitantz de la diete ville de Montsauljon ne povoient bonnement porter par eulz ne soustenir pour povrete et autres charges qu'ils ont ja soutenus, sans laide des villes prochaines de la chastellenie dudict lieu ; et pour obvier aux grants perils et dommages, ait été ordonné que les habitants des villes de ladicte chastellenie subviendroient aux frais desdictes réparations selon leurs facultez. Jaçoit que

n'y feussent tenuz les habitants des villes de Prauthé, de
de Vaulx, d'Aubigny, d'Isome, de Choilley, de Dardenay,
et de Coson, de leur bonne voulenté et franche, sanz con-
trainte comme bons voisins, de grâce espéciale, à la requeste de nos dictes gens... et pour obvier aux dicts périls
et à la malvaise voulenté des ennemis du Royaulme, ont
voulu donner à ceste fois tant seulement, certaine somme
de deniers, supposé que tenuz ny fussent ou quilz neu-
eussent riens faict se il ne leur eust pleu et pour telle con-
dition que ce ne leur tournast aprejudice ne a consequence
ou temps avenir... » En conséquence, l'évêque de Langres les félicite de leur empressement à se prêter à la circonstance, et leur octroie par lettres spéciales : « que se
pour cause des guerres et grandz doubtes qui ont este ou
Royaume deFrance et encore sont, ils ont fait et encore fa-
cent aucunz guez ou garnisons par nuit ou par jour au dict
lieu de Montsauljon oultre ce quilz y sont tenuz ou quil
est accoustumé de temps encien, il ne leur tourne aprejudice pour le temps avenir. En tesmoin de la quel chose
nous avons fait mectre nostre grant scel en ces presentes lettres, faictes et donnees a Langres le dimanche après la
saint Vincent lan mil. CCCLXIIII. »

Suit en latin la confirmation pure et simple du roi
Charles V, qui enjoint au bailli de Sens et aux autres
exerçant la justice d'avoir à s'y conformer. Le tout est si-
gné par Jean de Coiffy, qui était dès-lors l'un des secré-
taires ou des contrôleurs du roi, quoique nos historiens
ne le mentionnent qu'à partir de 1384.

IV

Les habitants de Prauthoy, de Vaux et d'Aubigny étaient, au XIVe siècle, comme aujourd'hui, en très grande partie vignerons. A ce titre, ils jouissaient de certains priviléges ou droits d'usage dont plusieurs se sont conservés jusqu'à notre époque. En 1386, ils adressèrent une respectueuse requête à Bernard, évêque de Langres, leur seigneur, pour le prier de les maintenir et confirmer dans ces usages, qui leur étaient quelquefois contestés. Bernard leur octroya, le samedi après l'Exaltation, c'est à-dire le septembre 1386, des lettres latines, dont nous traduisons les passages les plus intéressants.

« Bernard, par la miséricorde divine, évêque et duc de Langres, à tous ceux qui ces présentes lettres verront, salut éternel en Notre-Seigneur. Vous saurez qu'il nous a été présenté, par une partie des habitants et colons des villes de *Prautheyo, Aubigneyo et Vallibus prope Montemsalionem,* nos justiciables et sujets, une supplique dans laquelle ils disent que, de temps immémorial, c'est-à-dire depuis trente, quarante, cinquante ans et plus, si bien que de mémoire d'homme on ne se rappelle pas le contraire, ils ont joui paisiblement et tranquillement, dans le travail de la vigne, des coutumes suivantes, dans les localités mentionnées plus haut.

1° De tout temps, les ouvriers qui travaillent aux vignes dans ces villages et dans leur territoire, pour bêcher, tailler ou lier, ont droit chaque jour à un denier de pain ou à une pièce d'un denier tournois, monnaie courante, qu'ils doivent recevoir des propriétaires des vignes, et cela en plus de leur paie ordinaire; il n'est pas même nécessaire que mention expresse en ait été faite dans les conventions du patron avec les ouvriers. Il n'y a exception que pour le temps du carême, les samedis de chaque semaine et les jours des vigiles ordonnées par l'Eglise.

2° Toutes les fois qu'ils travaillent dans lesdites vignes *(cum ligone seu putatorio)* à arracher les souches ou à enlever les échalas *(putando seu despaissellando),* il est d'usage qu'ils prennent un fascicule *(gallice,* fagot) des sarments qu'ils ont coupés.

3° S'ils arrachent les échalas *(et si despaissellarunt)* dans les dites vignes, ils peuvent prendre une brassée de paisseaux rompus, pourvu que ce ne soit pas en trop grande quantité, et les emporter avec eux pour leur usage.

4° Les mêmes habitants sont dans l'usage de n'arriver aux dites vignes qu'au lever du soleil, d'y travailler fidèlement jusqu'à son coucher, et de quitter alors leur ouvrage.

Ils nous supplient, en conséquence, d'approuver et de leur confirmer les précédentes coutumes, ce que nous avons fait, après nous en être informé exactement et les avoir apprises de plusieurs témoins respectables et dignes de foi, qui en ont fait serment sur les saints Evangiles. »

L'évêque de Langres termine ces lettres par la formule ordinaire: « Donné en notre château de Bourg, le samedi après l'Exaltation de la Sainte-Croix, l'an du Seigneur mil trois cent quatre-vingt-six. » Puis il fait mettre son sceau en cire rouge ; il était ovale et il est à peu près intact pour la figure de l'évêque, qui est représenté en pied.

V

Par acte passé le 14 septembre 1471, par devant Nicolas Robert, clerc notaire et tabellion juré des cours des officialité et bailliage de Langres, demeurant à Prauthoy, Henri Faulconnot, d'Aubigny, accomplit un anniversaire, fondé par feu Girardot Charbonneret, dudit Aubiguy. Dans le même acte, l'exécuteur testamentaire donne en outre un cierge d'une livre, qui s'allumera chaque année la veille de la fête du Saint-Sacrement, à l'heure de vêpres, et à tel jour *que l'on montrera Dieu* sur l'autel; lequel cierge demeurera toujours clairant tant qu'il durera, tant de jour que de nuit.

L'usage de ce cierge clairant devant le Saint-Sacrement était une des pieuses pratiques les plus fréquentes dans le diocèse de Langres, et nous serions porté à croire qu'elle datait de l'institution même de la Fête-Dieu, fondée d'abord à Liége, en 1246, par Robert de Torote, ancien évêque de Langres. Nous la trouvons mentionnée positivement un siècle avant l'acte précédent, dans une pièce curieuse des archives de Celsoy, près de Langres. Il s'agit des fondations si libéralement faites dans sa paroisse natale par *Maistre Guibert de Celsoy,* décédé le 28 août 1390. On y lit, entre autres clauses, celle-ci : « Seront tenus ledit curé (de Montlandon) et ses successeurs, fournir perpétuellement le luminaire nécessaire pour la célébration desdites messes, savoir : deux cierges et un flambeau ou torche ardente à l'élévation du corps de N. S. Jésus-Christ, comme il est accoutumé de faire dans les autres églises. »

Cet usage s'est perpétué jusqu'à présent dans quelques diocèses, où l'enfant de chœur allume, après la préface, un cierge particulier, placé du côté de l'épître; il l'éteint seulement après la communion.

2

VI

Parmi les pièces que nous analysons, voici l'une des plus fécondes en renseignements intéressants; ce sont les comptes de fabrique de la paroisse. Ils sont intitulés : « Abrégé de vingt et ung comptes que rendent Jaquin Filleul et Odot Filleul, procureurs et maregliers de l'église et paroisse de Vaulx et Aubigney, des receptes et despences par eux faictes pour ladite église et fabrique d'icelle pour ledict temps, tant en argent, grains, vins, huilles et aultres reddevances. » Le tout forme 74 pages in-f°, dont 54 seulement sont écrites. Ces vingt-et-un comptes commencent au 12 novembre 1491 et se terminent au 11 novembre 1512. Ils se terminent par cette curieuse conclusion : « Il est deu auxd. maregliers pour plus avoir missionné que receu durant xxi ans dont ils rendent compte la somme de VIII^{xx}1 livres I^s I^d. » C'est-à-dire 161 livres 1 sou 1 denier.

Nous extrayons de ces divers comptes les articles qui nous ont paru de nature à intéresser, ou qui méritent d'être conservés pour servir à l'histoire du commerce et de l'industrie dans nos villages, à la fin du moyen-âge. Nous nous contenterons de mettre l'année entre parenthèses.

Le premier article qui figure dans ces comptes est presque toujours celui de la cire et du luminaire. En voici quelques exemples. Nous citons textuellement, moins les abréviations.

« Pour avoir ouvrées la quantitey de IX livres pesant de cire de la messerie pour faire le luminaire de la feste Dieu, au prix de V deniers tournois la livre (1495).

» Item, pour la journée de Jaquin Filleul qui fut à Montsauljon pour ouvrer ladite cire, XX den. tour. (id.).

» Item, pour l'achat de deux livres cire oultre lesdites

IX livres de la messerie, pour le luminaire de la dedicasse et le cierge de sainct Siphorien, au prix la livre de V sols X den. tourn. (id.).

» Item, pour avoir ouvrées lesd. deux livres, X den. tourn. (id.).

» Item, audit Jaquin Filleul, pour aller faire ledit luminaire audit Montsauljon, X d. t. (id.).

Ces mêmes articles sont reproduits presque chaque année.

VII

Les honoraires des messes entraient pour une grande part dans les comptes des marguilliers. Nous pouvons citer là-dessus les faits suivants, que nous placerons dans l'ordre des années.

« Item, pour quatre prebstres qui célébrairent quatre grans messes le lendemain de lad. dédicasse, X sols tournois (1495).

» Item, pour trois petites messes dictes cedict jour, VI s. VIII d. t. (id.).

A la suite se trouve invariablement un article conçu à peu près en ces termes :

« Item, pour le disney des presbtres, clercs et maregliers du jour de ladite dedicasse, XV s. t. (1495).

Ces prix se soutiennent durant longtemps ; mais, en 1533, ils avaient un peu changé :

« Item, pour avoir nourry les presbtres et clercs le jour de dedicasse en l'an mil cinq cens trante trois, XXV s. t.

» Item, pour avoir payé cedit jour en messes basses, VII s. VI d. t. pour trois messes.

» Item, pour trois messes haultes, X s. t.

» Pour avoir faict a dire ung servise en quatre messes haultes et deux basses, les haultes chacune trois solz quatre deniers, et les basses chacune six blancs, le jour sainct Nicolas en may cinq cens trente trois.

» Item a esté faict ung aultre servise auparavant par le commandement de Jacques Genret lequel il y avoit aultant de gens deglise que dessus et a aultant couste, pour Jehan Bouldrot, XVIII s. t.

» Item, donné au magister de Montsauljon XX d. t., pour ce qu'il avoit tenu keur a leglise a tout le servise.

» Item, donné au diacre et soudiacre, chacun XII deniers.

» Item, pour quatre messes haultes, chacune deux gros, pour ce XIII solz IIII den. t.

» Item, pour quatre messes basses, chacune VI blancs, qui font X solz.

» Nest compté pour le pain et le vin qui ils sont esté prins en leglise.

» Item, donné à Mons. le Curey pour aider a payer la messe S. Sebastien dix solz, pour ce qui ny avoit assés en la boicte.

Parmi un grand nombre d'indications analogues aux précédentes, nous citerons encore celles-ci, qui ont également rapport aux honoraires des messes.

» A frère Hugues Morisot, prieur d'Aubigney, pour reste de certain argent qui luy estoit deu de avoir celebre la messe sainct Sebastien, deux demys muids, par ordonnance des habitans (1498).

» A messire Jehan Larivey, vicaire d'Aubigney et Vaulx, pour avoir dictes et celebrees mesmes messes de S. Sebastien avec ledict prieur, sur ce qui luy en estoit deu, demy muid (idem).

» Item, pour remplir lesdictes trois fillettes jusques elles furent delivrées, II s. t. (idem).

» Item, XII den. tourn. au magister de Montsauljon (pour les messes hautes de la Dédicace, de 1533).

» A messire Laurent d'Esnoms pour avoir chanté messe, disoit il, 2 gros (1536).

» Item, a Jean Faret, qui tenoit cueur, XII den. tournois (1536).

VIII

A la suite des messes, nous placerons tout naturelle-
ment ce qui a rapport aux autres cérémonies religieuses
mentionnées dans les comptes ci-dessus.

« Pour avoir fourny de ramee, saulsoye et jouchee
tant a la feste Dieu que ès aultres bons jours de lanuee,
et pour les vaccations du mareglier, XV solz tournois
(1496).

» Pour les peines de ceulx qui allerent querir le bois
pour Pasques flories, pour une cymaise de vin, XV den.
tourn. (id.)

» Item, pour la cymaise de vin que lon a coustume donner au prieur quand il revient des Rogations de Couson,
XV den. tourn. (1498).

» Plus requierent leur estre alloue la somme de vingt
solz quils ont paye a messire Jehan Rousset pour estre alle
en procession ès lieux de Dardenay et Boulsenoy (1602).

» Leur sera alloue la somme de quarente solz quil leur
a convenu payer a Mess. Jehan Rousset prebstre en lad.
eglise tant pour les processions quil assista ès lieux de
Percey le petit, Choilley, Esnoms, Occey, Baulmont sur
Vigenne... (id.)

» Item, a este paye aux sonneurs pour avoir sonne les
cloches ès jours de Toussaints la somme de X solz. (id.)

» Leur sera taxe seullement la somme de quatre solz
pour estre alle querir du buys au boys pour le jour des
Rameaux (1603).

» Item a este paye au cure de Montsauljon pour avoir
assiste a la procession faicte a Boussenoys, X solz (id.)

» Item a este paye audict Mauclerc prebstre pour avoir
assiste a la procession de Dardenay la somme de VII solz
VI den. (id.)

» Item a este paye audict messire Anthoyne Mauclerc vicaire, pour avoir assiste ès processions faictes ès lieux d'Esnoms, Isomes et Montsauljon, la somme de V solz (*id.*)

» Item leur sera alloue la somme de XVI solz pour la despence faicte par les chantres au retour de la procession de Percey le petit (*id.*)

— 16 —

IX

Passons aux vases sacrés, linges, ornements, vêtements
sacerdotaux ; nous réunirons ici tout ce qui s'y rapporte,
sans nous astreindre à d'autre classification que celle de
l'ordre chronologique.

Le plus ancien fait que nous trouvions est celui d'une
donation remontant au 15 juin 1484.

« En présence de Nicolas Robert, notaire tabellion juré,
demeurant à Prauthoy, Pernotte et Nicolas Chignardet,
son fils, donnent à la fabrique d'Aubigny 4 ouvrées de
vigne, situées en la Lombardotte, au finage dudit Aubigny, pour l'acquittement de 60 sous tournois, légués par
le testament de feu Pernot Chignardet, pour en acheter un
calice pour ladite église (1484).

» Item, pour la façon de trois grosses buees (lessives)
et petites faictes en ceste presente annee pour buer les
linges de lad. eglise, X solz tourn. (1496).

» Pour la tainture de quatre aulnes de toille taintes en
noir pour redoubler les habis de lad. eglise, VI s. VIII d.
(id.).

» Item, pour avoir porte a Lengres le vaissel ouquel lon
pose corpus Dni, a cause des guerres et pour le rapporter,
III s. IIII d. t. (1497).

» Item, pour avoir porte à Lengres le vaissel ouquel lon
pose corpus Dni lan de ce present compte a cause des
guerres et pour y avoir porte ung calice, pour ung voiaige,
II s. VI d. t. (1499).

» Item, pour ung aultre voiaige porter audict Lengres
les deux petitz calices et le reliquiaire, II s. VI d. t. (id.).

» Item, pour avoir mene audict Lengres a ung autre
voiaige la charge dung cheval des habillements de lad.
eglise, III s. IIII d. t. (id.).

» Item, pour avoir rapporte la voille de la Nativite notre

Dame dudict Lengres lui desdicts calices et partie desdicts habillements, II s. VI d. t. *(id.)*.

Voilà quelques articles qui jettent un jour nouveau sur l'histoire de l'arrondissement de Langres à la fin du xv⁰ siècle. Nos écrivains ne mentionnent que vaguement les troubles et les guerres qui eurent lieu alors; et même, à la manière dont ils en parlent, on dirait que tout cela se passait au fond de la Bretagne ou de la Bourgogne.

» Pour avoir paye pour la refection du Reliquiaire et y avoir mis des lunettes pour mectre devant le corps de Dieu *le jour de la feste Dieu*, la somme de quarante et ung solz ung den. tournois (1556).

Les années suivantes ne nous ont rien fourni qui valût la peine d'être transcrit, excepté un petit article bien singulier, et pourtant de date toute récente :

« Pour deux queues de renard, 6 sous (1705).

On pourrait faire une curieuse dissertation sur la liturgie des *queues de renard*. Dans l'antiquité, l'eau lustrale se jetait avec un aspersoir ou goupillon, et cet usage s'est transmis dans l'Eglise pour l'aspersion de l'eau bénite. On a imaginé bien des instruments manuels propres à cette opération : tantôt c'est une éponge renfermée dans une petite boule percée de trous et armée d'un manche ; tantôt un court bâton, traversé à son extrémité par de petits paquets de soie de cochon ; tantôt une sorte de pinceau, etc. Mais l'usage qui paraît avoir été le plus suivi, tant dans l'antiquité qu'au moyen-âge, c'est d'employer tout bonnement une queue de renard bien fourrée ; c'est même de là que vient le nom de *goupillon*, dérivé de *vespilio,* comme qui dirait *queues de renard*. Tout cela est bien connu des antiquaires et des liturgistes érudits, mais peut-être auraient-ils été embarrassés pour trouver une mention authentique de ce fait au xviiiᵉ siècle.

Toutefois, il nous vient une réflexion : qui sait si les deux articles portés en compte par les bons marguilliers d'Aubigny sont bien de vraies queues de renard ? Peut-être ce mot ancien ne désigne-t-il, par extension, qu'un aspersoir en pinceau ou tout autre du même genre.

3

X

Nous n'avons trouvé que peu de chose sur les livres d'église ; c'est dommage, car il y a beaucoup d'intérêt à suivre la fortune des derniers manuscrits et des premiers imprimés aux xve et xvie siècle.

Voici quelques indications qui peuvent rentrer dans cette catégorie.

Dans le compte de 1499, après avoir parlé des vases sacrés portés à Langres, à cause des guerres, les marguilliers s'expriment ainsi :

« Item, depuis led. Odet Filleul enfonce en une (*mot que nous n'avons pu lire*) les livres de lad. eglise et autres ornemens de ladite eglise pour lan de ce présent compte, VI s. VIII d. t. (1499).

» Item, a ung autre voiaige la voille de la feste sainct Nicolas divert pour ramener lesd. livres, V s. t. (*id.*)

» Item, pour avoir escript ce présent compte, dix solz (1533).

» Plus 6 liv. 5 s. 6 d. que jay donné à M. le Curé de Pranthoy pour les livres baptistaires (1704).

Ces sortes d'indications sont fréquentes dans le dix-huitième siècle, mais nous les avons négligées, parce qu'elles n'avaient point de valeur pour notre petit travail.

» Plus 40 s. que jay donné au maistre d'escole, pour avoir fait un petit livre de la messe royale, avec l'office saint Symphorien (1712).

XI

Les travaux d'art, tels que peinture, sculpture, vitraux, ne tenaient pas, en général, une grande place dans les dépenses des fabriques de nos paroisses ; cependant chacun avait, d'un côté la foi, et de l'autre, le petit amour-propre du clocher, qui, bien souvent, ont donné lieu à certaines dépenses. Pour l'église d'Aubigny, nous sommes à même de produire un assez grand nombre d'articles de ce genre.

« Item, pour avoir refaict les verrieres de lad. esglise pour ceste annee, ou peintre de Saint Seygne, lesquelles estoient toutes rompues par la gresle, XXV selz tournois (1497).

« Item, pour avoir faict quatre anges tous neufs sur les pilliers a lentour de lautel, la somme de quatre livres payez par Henry Biaudet pour ce qu'il devoit a lesglise, y compris la façon dun S. Sebastien et refaict plusieurs paintures et verrieres, IV liv. tournois (1497).

Malgré l'emploi du mot *verrières* dans les comptes précédents, comme dans les suivants, il est bien probable qu'il ne s'agissait là que de *verres à vitres*, ou peut-être de simples raccommodages d'anciens vitraux brisés avec du verre de couleur.

« Item, quant le verrier vint premierement pour marchander des verrieres, V s. V d. t. (1535).

« Item, quant ledict verrier vint la seconde fois, a luy donné IV s. II d. t. (id.).

« Item, depuis donné audict verrier X s. t. (id.).

« Item, quant ledict verrier asselet sa verriere nous sils fusmes tout le jour a luy ayder, pour ce pour nos journees, III s. t. (id.).

« Item, avoir marchande a ung verrier et paye quarante solz une *(mot illisible)* et un cherd de boys pour refaire les verrieres dessus le grant pourtal, pour renfiler les aultres verrieres (id.).

« Pour avoir paye a ung paintre quil avoit marchande de repaindre les anges par ordonnance de Jacques Genret, douze deniers tourn. (1536). — Voilà des anges qui ne sont pas chers : un sou !

XII

Le matériel de l'église tient nécessairement une large place dans les comptes de la fabrique, surtout quand il y a eu reconstruction, agrandissement ou réparations majeures, et c'est précisément ce qui est arrivé pour Aubigny. Parmi les nombreux articles portés en dépense, mentionnons les suivants.

« Pour avoir faict nectier (nettoyer) leglise quatre fois lan, III solz IIII den. tourn. (1497).

« Item, pour avoir faicte a faire une clevfz (sic) en la porte de leglise et deux crampons, II s. X d. t. (1533).

« Item, pour avoir faite des clevfz pour les verrieres et pour ung barriaulx pour un croiszon, II s. t. (id.).

« Item, pour avoir paye a Nicolas Petit et Viennot Voillet recouvreurs, pour avoir recouvert la nef de lad. eglise d'Aubigny, du couste devers le cloistre, la somme de trente solz tourn. (1535).

« Item, pour avoir fourny du bois a la refection du toict de lad. eglise, que pour les journees dud. mariglier, VII s. VI d. t. (idem).

« Pour avoir refait les bancz et sieges de lad. eglise, II blancz (idem).

« Au maréchal de Prauthoy, pour lachapt dune serrure a deux clefz pour le grand portail de léglise, XXV solz (1602).

« Au serrurier pour avoir une clef pour le maistre d'escole, V solz (1704).

Terminons par une donation, relativement récente, puisqu'elle date du 17 février 1733 ; Michel Buchet, vigneron à Vaux, laisse par testament une somme de 250 livres pour agrandir ou allonger la chapelle dudit Vaux, qui était desservie par le curé d'Aubigny. Nous ignorons si ses pieuses intentions ont été remplies.

XIII

De l'église passons au clocher. Il paraît qu'on eut à faire de notables réparations, peut-être même une entière reconstruction vers 1528 ou 1530, car nous trouvons un document spécial intitulé : « Sensuylt ceulx de qui Nicolas Oderne a receu de Largent pour lesglise la cloiche et le bois de Fouret pour lan cinq cens xxviii. » C'est un petit registre in-8° de 19 pages, qui renferme le détail des sommes reçues des paroissiens à diverses reprises, depuis 1528 jusqu'à 1532 et même au-delà. Ces petites redevances figurent sous le nom de *tailles*, et paraissent avoir été proportionnées au revenu de chacun. Du reste, ce n'est pas là qu'il faut aller puiser des renseignements du genre de ceux qui nous occupent, mais bien dans les comptes de la fabrique. Voici les plus curieux, pour lesquels nous suivrons toujours l'ordre chronologique.

« Item, déboursé dix-huict solz tant pour la façon des cordes des cloiches que pour il avoir fournies du chanvre, déboursés présent Jacques Genret et plusieurs autres. (1533).

« Item, pour avoir faict à neuf les *baudret* des deux cloiches, VI s. III den. t. (idem).

« Item pour avoir faict œuvrer le batault de la grosse cloiche et a delier, XX s. t. (id.).

« Lesdictz marechaulz de Vaulx (ceux qui firent les ouvrages en fer précédents) ont rabatu VI solz pour ce qui pouvoient debvoir a leglise, cy VI s. t. (id.).

« Nous deux marrigliers fusmes estez tout le jour avec lesditz marechaulx pour leur ayder, et fismes deux repas chieulx Huguenin Proudent ensemble lesditz marechaulx, qui ont couste au tout huit solz VI den. t.; ne fault compter que II s. VI d., a cause du rabais icy dessus (idem).

« Item, pour avoir faict former (fermer) la tour du cloi-
chier, VII s. VI d. t. (idem).

« Pour avoir fait refaire les bauldes des cloches, IIII solz
tournois (1536).

« Pour avoir achepté un batan pour la grosse cloche de
leglise dudict Aubigny, la somme de six livres troys solz
quatre deniers tournois (1537).

« Pour les despances du mariglier pour avoir este au
lieu de Champlite pour marchander ledit batan, que pour
ses peines, la somme de IV solz. t. (id).

« Pour avoir amené ledit batan du lieu de Champlite a
Montsauljon, et pour le disner de celluy qui la amené, la
somme de II s. VIII d. t. (id.).

« Pour le disner du maréchal et de ceulx qui estoient
avec luy le jour que le batan fut amené, quatre solz
(id.).

« Pour avoir marchandé au mareschal de Champlite,
pour remonter les cloches, pour les vins de lad. marchan-
dise, a esté payé II solz troys den. t. (1537).

« Pour avoir paye aud. mareschal pour avoir remonté
lesd. cloches, la somme de quarante cinq solz. (idem).

« Pour avoir acheté quatre billes dacier pour mectre a
la refection desd. cloches, chacune bille de dix sept deniers ; pour ce V s. VIII den. (id.).

« Pour avoir relevé la petitte cloche le jour de Pasques
floryes, laquelle estoit cheute, X solz (id.).

« Pour avoir payé a Andre Boillevault pour son engins
pour relever ladite petitte cloche, IV s. ; et aux charpen-
tiers, V s. (id.).

Une note écrite en marge d'un acte de 1564 nous ap-
prend que la grosse cloche d'Aubigny a été rompue en
1562 pour être refondue ; nous n'en savons pas davantage.

XIV

On ne peut rien établir de positif sur les prix des grosses œuvres, qui, du reste, ne figurent presque jamais dans leur ensemble aux comptes d'une fabrique. Nous avons cependant trouvé, dans les archives d'Aubigny, une pièce qui, malgré sa date assez récente, mérite d'être mentionnée ici.

Par lettres du 11 avril 1698, Claude, comte de Choiseul, chevalier des ordres du Roy, conseiller du Roy en son Conseil, maréchal de France, gouverneur et bailly de Langres, condamne les habitants de Couson à constituer pour leur part, proportionnellement au nombre des communiants et des non communiants, à la somme de 1000 livres, nécessaire pour le rétablissement de la nef de l'église d'Aubigny. Donné et fait à Langres par nous, Etienne Du Molinet, écuyer, seigneur de Rosoy et autres lieux, conseiller du Roy, lieutenant général au bailliage et siége présidial de Langres ; Vallérien de Sivray, Jean-Baptiste Piétrequin, lieutenant particulier, Jean Plusbel, Anthoine Godard, Claude Monny, Guillaume Gautherot, Nicolas Deserres de Saint Beroin, tous conseillers tenant l'audience dudit bailliage.

En 1705, M. Filzjean, archidiacre du Dijonnais, visite les comptes de la fabrique et constate un léger déficit; puis il ajoute : « Nous avons passé l'article des dépenses de 40 livres pour le bois de la cloche, attendu le malheur des temps, et sans tirer à conséquence. »

Enfin, en 1737, la fabrique passe un contrat avec Denis Carbillet, maistre menuisier de Langres, pour lui faire faire une chaire en bois de chêne, moyennant la somme de 180 livres.

XV

Chaque paroisse devait recevoir régulièrement la visite annuelle des supérieurs ecclésiastiques, savoir le doyen rural et l'archidiacre. Aubigny faisait autrefois partie de l'archidiaconné du Dijonnais, dont il était une des paroisses les plus éloignées du côté du Nord. Dans le dernier siècle, il était compris dans le doyenné de Grancey ; mais il paraît qu'au xve, au xvie, et même au xviie siècle, il dépendait du doyen d'Esnoms ; c'est un fait prouvé par les citations qui vont suivre.

Les visites dont nous parlons donnaient lieu à une redevance qui figure régulièrement dans les comptes, parmi les *despences d'argen, faistes par lesditz procureurs marregliers.* En voici quelques exemples pour chaque siècle.

« Pour la visitation du doyen desnoms qui visita le xv jour de juing de la présente année (1498), XX s. t.

« Item, a son clerc, pour le bresvet, V s. t.

« Item, pour les despens dudict doyen, X s. t.

« Item, pour la visitation de larchediacre, V s. t.

« Item, pour ses despens, V s. t.

« Item, pour les despens de Odot Filleul qui fut a Lengres contre Mons. le doyen qui les avoit adjourné a Lengres a cause de la visitation, tant pour le clerc desd. marregliers que pour deux journees alant et venant audit Lengres et pour leurs absolutions, VII s. VI d. t. (1498).

« Item, pour les despens dud. archediacre, X s. t. (1499).

« Item, pour la journee de Odot Filleul qui fust apres led. archediacre jusques a Esnoms et pour ses despens, III s. IIII d. t. (idem). .

« Item, donnez cinq solz au doyen desnoms pour le brevet, et cinq solz pour les despens (1534).

« Pour la visitation de Mons. le doyen qui visita leglise, la somme de vingt cinq solz t. et cinq solz t. pour ses despens (1535).

« Plus a este payc ou sieur doyen desnoms pour la visite faicte en lad. eglise le lendemain S. Symphorien dernier, vingt solz (1603).

« Donne a Maximilien Entier, archidiacre et théologal, pour la visite faicte en ladite eglise, XXX solz (idem).

« Item, leur sera alloué trente deux sols six deniers qu'ils ont payé a Mr Andre Catherinct pour ses droites de visite par luy faicte en lad. année (1650).

« Plus quarante sous que jay paye a Monsieur le doyen pour les droicts de visite et distribution de Stes huilles (1712).

« Plus quatre livres que jay donne a Monsieur larchediacre pour ses droicts de visite le vingt et ung aoust 1713, présence Monsieur le curé et Monsieur Aubry.

XVI

Enfin, nous réunissons sous un titre général une foule d'autres articles recueillis çà et là, et que nous n'avons pu faire entrer dans les catégories précédentes ; quelques-uns même y ont été oubliés. Pour éviter les répétitions inutiles, nous suivrons simplement l'ordre chronologique.

Année 1495-96.

« Item, achecter de leusan pour toute ladite année, XVIII den. tourn.

« Item, a monsr le gruyer pour une licence de vendre le bois de Forest de leglise, XX s. t.

« Item, pour leschange dung scellet que lon porte aux processions et par leglise qui estoit rompu, lequel fut rechange a ung aultre tout neufz, la somme de XV s. t. Et pour lesquels XV s. t. fut baillé de my muy vin et fut fait le marché par feu mons. le prieur et Pierre Le Clerc a ung maignien de Lengres qui doit euvrer le vaissel, qui cousta a Jacquin Filleul II s. VI d. t.

Année 1496-97.

« Item, pour fourny densan toute lad. annee, XII den. t.

« Item, pour les peines de troys beuces pour toute lannée, X s. t.

« Item, pour avoir fait a relever les pièces de la croix que l'on porte aux processions, la nectier et la rasembler.

Et pour refaire les chaisnes de lensencier pour ne les faire plus grosses quelles netoyent, a Pierre Boillon demeurant a Lengres, la somme de VIII s. IIII den. t.

« Item, pour la facon dune aulbe a une lingere de Lengres et pour quatre saintures pour servir a ladite aulbe, III s. IIII den. t.

« Item, baille par led. Jaquin Filleul a Odot Filleul pour aller a Lengres pour les affaires de la ville contre ceulx de Montsauljon lan de ce present compte dix solz t. Lesquelz Henry Biaudet baillit sur ce qui doit a lad. eglise.

« Item, pour ung cordel pour tendre les courtines, VI den. t.

« Item, pour avoir fait nectier la croix que lon porte aux processions et la lampe devant Sct Siphorien et les chandeliers dessus le grand autel, VIII s. IIII d. t.

Année 1497-98.

« Pour avoir fait ouvrer et mectre en torches lesd. huit livres cire de la messerie de ceste presente année, III s. IIII d. t.

« Item, pour les estoppes, X d. t. (Cet article, dont nous ne comprenons pas bien l'objet, parait se rapporter à la façon des cierges du luminaire de la paroisse ; c'était toujours à Montsaugeon qu'il se préparait).

Année 1498-99.

« Item, pour ceulx qui alerent querre le bois pour pasques flories, XII d. t.

« Item, pour une cymaise de vin baillee au prieur en revenant des rogations de Cousou, XX d. t. (Les années précédentes, ce n'était que XV deniers).

« Item, pour la ranson de lobligation de l'admodiation du boiz de Forest, receu par Guillaume Charpy la somme de V s. X d. t.

« Item, pour le scel de lad. obligation qui est de XXX l. t., VII s. VI d. t.

Année 1553-54.

« Pour avoir achete deux lampes chacune dix deniers, par Jehan Le Clerc.

« Item, pour avoir fait a faire une clevfz en la porte de leglise et deux crampons au pupitre, II s. X d. t.

« Item, pour avoir sarré les dismes de grains de léglise quant je il mis ung jour pour les charroyer, cinq solz tourn.

« Item, pour avoir amené deux fillettes de vin de Prauthoy, XII den. t.

« Item, pour avoir paye chieulx Huguenin Prudent en Vaulx pour la despence du cheval Girardin quant il vint la première foys par le commandement de Jaquin Genret quatre solz huit deniers. Et six solz pour les despens dudict Girardin.

« Item, pour avoir faict compte avec la vesve et heritiers Hoderne deulx solz six deniers avant trois solz de pain, le vin fut printz en léglise.

« Item, une fillette vuydange et ung petit vaissaulx pour mectre lhuile, VI s. VIII d. t.

« Item, donnez deux solz pour avoir mis des bonnes (bornes) contre le prieur en la combe de Neuvemont contre Perrin Bougand.

« Item, donnez au sergent qui a adjourney Passecaud a Sens et faire les sommations a cause dune vigne qui tenoit de leglise, VII s. VI d. t.

Année 1535.

Le registre d'où nous extrayons ce qui suit est ainsi intitulé : « Compte que rendent Jehan Leclerc et Jehan Boudron demeurans es lieux de Vaulx et Aubigny, marigliers de leglise et fabrique dud. Aubigny, du revenu dicelle eglise des annees y contenuz et commençant en Lan mil cinq cens trente et ung jusques a ce present an mil cinq cens trente et huict. »

Suivent les recettes d'argent, de cire, de grain, de vin et autres, sur lesquelles nous n'avons pas à nous arrêter pour le moment ; nous ne mentionnons que les articles de la dépense.

« Et premierement pour lannee mil cinq cens trente et cinq. — Pour la visitacion de mons. le doyen qui visita leglise la somme de vingt cinq solz t. et cinq solz t. pour les despens.

» Pour la visitacion de mons. larcediacre oud. an VC XXXV la somme de dix solz t.

» Pour avoir achette deux lampes par Jeh. Boudron chacune de dix deniers tourn.

» Pour avoir achete deux bures de terre pour mectre lhuille chacune de trois solz quatre den. t., par Jehan Leclerc.

» Pour avoir leve des mains de Jacques Saulet quatre lettres de censes en grosses au proffit de lad. eglise la somme de douze solz t.

» Pour avoir leve des mains de Jacques Saulet une procuration pour les habitans de Vaulx et d'Aubigny, ensemble deux lettres dassiguation... X s. t.

» Pour avoir payer pour faire venir une commission de Sens alencontre de Jehan Lalemant la somme de sept solz six den. t.

» Pour avoir payer a Nicolas Jehannyot sergent royal

par le commandement de Jacques Genret la somme de dix solz t.

» Pour la procession des Renveysons *(mot douteux)* au prieur une scimaise de vin armee (?), II s. VI d. n.

» Pour une cuisse de moton qui fut pourtce chieulx Jacques Genret le soir q. Nicolas Jehannyot vint pour..., la somme de cinq blancz.

» Pour ung pain et une pinte de vin ced. soir pour led. Janniot, vingt deniers tourn.

» Pour led. Jehannyot sergent qu'il a ramene lad. matiere de nouvellete a este paye par lordonnance de Jacques Genret dix solz t.

» Pour le lendemain en despance de bouche apres avoir ramene lad. nouvellete pour les sergent tesmoings et aultres presens en pain en vin et aultre pidance, la somme de cinq solz huit deniers tourn.

» Pour avoir achete quatre batons de torches, chacun de cinq den. t.

Année 1536.

« Pour avoir refait les bancz et sieges de lad. eglise par Estienne (N...) unze blans.

» Pour avoir servy des haix pour la refection desd. bancz quatre solz t.

» Pour avoir paye au bourelier le pied de boys pour une aune, pour avoir marchande a luy par annee pour entretenir les bauldetz des cloches et pour ceste annee IIII s. t.

» Pour avoir payer pour les fraiz du debonnement des finaiges de Vaulx Aubigny Couson alencontre du finaige doccey et P......., pour deux mambres de moton, present Jacques Genret, quatre solz t.

» Pour le disne aud. Occey presant Jacques Genret, la somme de seize solz t.

» Pour avoir donne au procureur dud. Occey nomme

Jehan Goyrot par ordonnance dud. Jacques Genret vingt solz t.

» Pour avoir este paye a deux prodhommes du lieu de Rivieres les fosses questoient venuz pour mectre lesd. bornes cinq solz t.

» Plus a este paye a deux hommes dysome quilz estoient aussi venuz pour mectre lesd. bornes la somme de cinq solz t.

» Pour avoir paye par Jehan Leclerc chieulx le procureur Jacques Genret pour ceulx questoient alles et avoient vacque aud. debornement douze solz six deniers tour.

» Pour avoir paye deux solz t. pour soliciter et recouvrer de largent questoit deheu par Henryon Mielle de Courcelles pour survenyr aud. debonnement pour Jeh. Leclerc et Jeh. Reynel, deux solz t.

» Pour les peunes et vaccations dud. Jeh. Leclerc quil a vacque aud. debournement par plusieurs journees la somme de cinq solz t.

» Aultre despance dung debornement fait entre Bertrand de Palasse escuyer acause de sa granche de la Charmoille, et les habitans de Vaulx et Aubigny en lad. annee mil cinq cens trente et six.

» Pour la première foys que lon alla pour de borne avec le fils dud. Sr de Palasse chieulx Heugueny Prudan fut payer par lesd. marigliers huit solz t.

» Item, depuis le mesme jour a este paye au retor dud. debornement chieulx led. Heugueny Prudant pour Jehan Pascaud, Heugueny Tenrel et Mathey Armand dix blans.

» Item, depuis a este despance par led. Tenrel chieulx Villemot Poyret deux solz t.

» Pour une pinte de vin et ung pain quils furent pourtes chieulx Jacques Genret le soir que dessus pour le soupe dud. Genret et de Jeh. Leclerc, XX den. t.

» Pour la despance du lendemain de huit prodhommes et troys desd. y estans q. lesd. bornes furent escheues de mectre, quinze solz t.

» Pour le repourt que firent les prodhommes ès mains de Jacques Saulet notaire et pour leur despance de rechef dix solz t.

» Pour avoir baille a Jehan Rousse pour avoir tire et taille lesd. bornes les avoir adier? mene ou lieu et pour son vin, douze den. t.

» Pour les despances quant led. de Palasse vint veoir lesd. bornes et pour les accorde dune part et daultre, pour le soupe vingt et ung solz huit deniers t.

» Pour troys journees de Jehan Le Clerc pour avoir vacque a mectre lesd. bornes et soliciter les prodhommes cinq solz t.

» Pour avoir paye a Jacques Saulet pour les escriptures dud. debornement la somme de trente solz t., comme pour quictances cy rendues.

» Pour avoir baille a Jacques Geuret neuf blancs, pour une commission de Mons. le Bailly.

» Pour le jour de la dedicasse a este achete troys livres de cire a Montsauljon qui ont couste chacune livre quinze blans ; pour ce XVIII s. IX d. t.

» Pour avoir achete de Jehan Hacquin ced. jour deux livres de cire a raison chacune livre de quatre gros ; pour ce VIII gr.

» Pour la façon de troys torches troys grans sierges et pour les sierges des appostres, dix blans.

ANNÉE 1537.

» Pour le soupe dud. mareschal ensemble Pierre Dadan de Vaulx son serviteur et Jehan Le Clerc, sept solz t.

» Pour avoir paye a Mons. le cure de Prauthoy et Aubigny deux solz t. pour de lencent quil avoit achete chieulx Jehan Hacquin.

» Pour avoir achete ung muyd et une fillette vuydange pour mectre le vin de ceste presente annee mil cinq cens trente et sept, la somme de huit gros et demy.

» Item, pour avoir dresse et fait le present compte la somme de quarante solz t. — Quoique cet article soit conçu en ces termes, les bons *marregliers* ont sans doute

5

compris qu'il y avait là un peu d'exagération ; ils ont biffé le mot *quarante,* pour mettre seulement *vingt.*

Année 1579.

Nous n'avons rien pris dans cette pièce pour nos chapitres précédents ; nous répèterons ici quelques articles qui auraient dû y figurer. Et d'abord elle commence ainsi : « Largent que Clement Arbelestier et Philippe Vauldin margliers de leglise dAubigny ont despance et achete de la cire. »

« Compte a Phil. Vaudin pour huit livres de cire, VI liv. t.

» Pour le diacre et souldiacre du jour de lad. dedicasse a este paye II s. VI d. t.

» Pour le disner des prebstres, scavoir messire Jehan Bastien, le cure disome, le vicaire de (*mot illisible*), les marregliers et magister, a este paye tant pour les vigilles laudes trois messes haultes a notte que pour le disner..... du cure led. messire Jehan et le magister de Prauthoy, chier Henryet, le tout revenant a ung escu sol dix solz tourn.

» A este despance cheulx Guillaume Grégoire quant on marchanda de faire les bancz de leglise IX s. t.

» Plus a este donne la derniere feste de Pasques quant on refit les cosses des cloches, a Guillaume Gregoire pour despance faite en sa maison, XV s.

» Au predicateur du vaud... (mot illisible) ung tesson, vaillant XIII s. t. — Nous regrettons beaucoup de n'avoir pu deviner le mot ci dessus, indiquant le jour et la circonstance où un predicateur extraordinaire est venu à Aubigny ; ces sortes de renseignements sont des plus rares pour l'époque qui nous occupe. Néanmoins il est assez curieux de voir les honoraires d'un grand sermon portés à *ung tesson* ou 13 solz tournois ; les amateurs de comparaisons ne manqueront pas d'en faire de belles entre cet article et bien d'autres répandus dans notre répertoire. Continuons notre exploration à travers le xvie siècle.

» Pour la façon du cierge benist (sans doute le cierge pascal), II s. VI den. t.

» Quant messire Jehan fut a Boussenoy le jour de St George tant pour sa messe que son diner, VII s. t. — Pour le magister, XX den.

» Item, a este donne a mess. Claude Prudent sergent royal pour un mandement quil apporta aux habit. et merregliers, X s. t.

» Item, a este donné a mess. Francois Grandoys le jeudy iiiie may pour aller a Lengres, X liv. t.

» Item, au mareschal de Chastoillenot qui a refaict les cosses, tourillon et aultres ferments pour les cloches, X liv. t.

» Pour avoir achete deulx livres de cire pour le luminaire de Pantecoste annee presente a XV s. la livre ; XXX s.

» Item, pour avoir mis en besongne dix livres tant dachapt que des mouches de léglise, a esté fet dix torches, la roue StSebastien et huit sierges a este donne a lafemme du greffier de Montsauljon, XX s. VI d. t.

Année 1580.

Je ne trouve, pour cette année, qu'un fragment de compte, tout entier, relatif à la fête de S. Symphorien, le patron de la paroisse d'Aubigny. Je le donnerai *in extenso,* à cause de plusieurs particularités curieuses qui ne se sont point encore présentées ; d'ailleurs on sera bien aise de voir l'ensemble des dépenses que faisait, au seizième siècle, la fabrique d'un village pour la fête patronale.

« Sensuyvent les fray faict pour les servises du jour et lendemain St Siphorien mil VC IIII^{xx}.

» Pour trois messes a notte le lendemain de St Syphorien, a chacune deux gros ; sic X s.

» Pour messire Jehan Bastien, pour les vigilles et laude, deux gros; sic III s. IIII d. t.

» Pour les clercs avecceulxquilz tenoient le cueur desd. a este paye dix solz; sic X s.

» Pris en la coquille; pour ce, néant.

» Pour le disner desd. prebstres avec le cure de Prauthoy, a este paye cheulx Philibert Maire, XL s.

» Pour achapt dune livre dencens pour le jour de StSyphorien, V s.

On voit que toute la dépense réunie de la fête patronale d'Aubigny se monte, en 1580, à la somme de 3 livres 8 sous 4 den. Or, en cette même année 1580, nous trouvons que l'émine de blé était à Langres de 7 livres 10 sous; d'où l'on peut facilement tirer la valeur relative de cette dépense.

Année 1602.

Les comptes de cette année forment un volumineux cahier petit in-folio, beaucoup plus difficile à lire que la plupart de ceux des siècles précédents Avant d'y puiser des notes nouvelles, nous croyons devoir transcrire le titre, à cause des renseignements locaux qui s'y trouvent.

« Estat etcompte que rendent par-devant vous monsieur le lieutenant en la prevoste de Vaulx EdmeJomarieu etSymon Leclerc cy devant marguiliers esleuz et choysiz par les manans et habitans de Vaulx et Aubigny à la fabrique et eglise desd. lieux dune part;

Et Messire Regnault de Larmoyse (?) prebstre cure de lad. eglise;

Et Jehan Séjournant, Denys Vauldin, Claude Brios (?) demeurant a Aubigny;

Et Jehan Voulget, Estienne Guyardin; Francoys Arbelestier et Jehan Belin, demeurant en Vaulx, esleuz par la generalité desd. habitans pour assister au compte desd. rendans... »

Arrivons aux dépenses, pour lesquelles on verra une différence assez sensible sur les comptes précédents.

« Premierement requierent leur estre alloue en despence trente solz par eux payez a Monseigneur de Lengres pour la cense assignee sur lestang et charroy des vendanges ainsy qu'il appert par quictance.

» Plus requierent leur estre alloue la somme de six livres laquelle a este employee a lachapt de six livres de cire attribuees au luminaire de la Purification et de la Dedicasse.

« Leur sera taxe la somme de vingt solz pour le voyage quil a convenu faire a Lengres pour achepter ledit luminaire.

» Requierent leur estre alloue la somme de treize solz par eux payez au sieur curé pour les deux messes par luy celebrees en leglise esd. jours de chandeleur et de Dédicasse.

« Plus a este paye a messire Jehan Roussot vicaire la somme de douze solz tant pour le (mot illisible) dud. cure que pour la messe dud. Roussot.

» Plus requierent leur estre alloue la somme de cinq solz pour la messe celebree par le cure de Montsauljou led. jour lendemain de dedicasse.

» Plus a esté paye a messire Claude Louot (?) prebstre pour la messe dud. jour pareille somme de cinq solz.

» Pius a este paye a Philippe Dupuys chantre troys solz.

» Plus a Anthoyne Berchet (on ne dit pas pour quoi) deux solz six deniers.

» Requierent les rendans leur estre alloue la somme de quarante et deux solz de despence faicte en la maison de Jehan Thevenyn par les prebstres susnommez et Denys Vauldin qui auroient faict le service led. jour et lendemain de dedicasse.

» Item, pour le jour de Pasques les rendans ont achepte deux livres et demye de cire pour estre attribuée au cierge bening et troys solz dencenz, qui est en tout LIII s.

» Requierent leur estre alloue la somme de quatre solz

quil a convenu payer a Nicolas Leclerc pour fourny de buy
en lad. eglise pour led. jour de Pasques.

» La somme de six solz huit deniers pour avoir faict la
lessive pour blanchir les draps de lad. eglise pour led.
jour.

» La somme de vingt solz quilz ont paye a mess. Jehan
Roussot pour estre allé en procession ès lieux de Dardenay
et Boulsenoy.

» La somme de vingt solz qui ont este employez a lachapt de deux aulnes et un cart de toille teinte pour
mectre et couvrir le ciel que lon porte le jour de feste
Dieu.

» La somme de deux solz six deniers quilz ont paye
pour un cent de brocquettes pour attacher le ciel de feste
Dieu.

» Pour avoir nettyer leglise pour led. jour de Pasques
et nettyer les chandeliers, leur sera taxe cinq solz.

» La somme de treize solz payez aud. cure tant pour sa
messe dud. jour de St Symphorien que lendemain.

» Plus la somme de quatorze solz six den. payez a Mess.
Jehan Roussot pour sa messe dud. jour de lendemain et
pour le digné dud. curé.

» A este paye aux sonneurs pour avoir sonné les cloches
ès jours de Toussaintz et St Jehan, dix solz.

» A este paye a Anthoyne Prudent tonnelier pour avoir
faict la tourne a mectre huylle de lad. eglise, quatre solz
six den.

Année 1603.

« Item leur sera alloué la somme de dix livres quil leur
a convenu paier a maistre Laurent Durdent (?) maistre
verrier a Lengres pour des vistres employes a lad.
eglise.

» La somme de quatre livres de despense faicte par

maistre Anthoyne le salpestrier en la maison de Jehan
Thevenin.

» A este paye a mess. Jehan Roussot par le commandement du cure de Praulhoy pour les dixmes novalles cinquante et quattre boisseaux bled appretiez en tout a quarente six solz.

» A este achepte en lad. eglise par lesd. rendans quattre verres propres a mectre huylle, du prix de unze solz
en tout.

» Plus pour une paire de choppinotte quil a convenu
achepter a lad. eglise en pris de dix solz.

» Trois livres dix solz de despence faicte en la maison
de Jehan Thevenyn par Phil. et Nicolas Duprez (?) et Jor-
ges Juys chantre, led. jour et lendemain de dedicasse.

» Leur sera alloue la somme de trois livres employee a
achepter le cierge bening pour led. jour de Pasques.

» Leur sera taxe et alloue la somme de quattre solz
pour estre alle querir du buys au boys pour le jour des
Rameaux.

» Leur sera alloue troys solz pour avoir achepte du
syment pour enduyre les verrieres de lad. eglise.

» Item, a este paye audict Mauclerc prebstre pour avoir
assiste a la procession de Dardenay la somme de sept solz
six den.

» Leur sera alloue la somme de quarante sept solz payez
a Anthoyne Guillaume pour la fasson de vingt huit aulnes
de toille batarde.

» A este paye a deux cousturieres la somme de trente
six solz pour la fasson de troys aulbes et troys surplys.

» Leur sera alloue la somme de seize solz de despense
faicte par les chantres au retour de la procession de Percey le petit.

» Leur sera alloue la somme de dix solz payee a mess.
Anthoyne Mauclerc vicaire pour avoir assiste es processions faictes es lieux desnoms Ysomes et Montsauljon.

» La somme de huict solz payez pour deux bures de
terre pour mectre lhuylle de lad. eglise.

» A este baille par charite tant es clercz que femmes

pauvres la somme de vingt cinq solz le jour des Trespassez.

» Leur sera alloue la somme de dix solz payez aux sonneurs pour lesd. jours de Toussaintz et St Jehan.

Années 1647-1656.

Nous nous bornerons, pour cette année et les suivantes, à prendre les faits nouveaux et vraiment intéressants qui pourront se présenter; en effet, plus on approche de notre époque, moins il y a d'utilité à répéter certains articles des comptes précédents.

« Premièrement sera alloue auxd. rendans la somme de trente sols pour le coust de l'acte délection faicte de leurs personnes pour estre marguilliers de lad. eglise; icelluy en datte du premier janvier mil six cent cinquante six.

» Leur sera alloue six livres dix solz par eux payez a maistre Claude Grandoys (?) pour le disner des chantres le lendemain de la dedicasse de leglise de lad. paroisse.

» Item, leur sera alloué trente deux solz six deniers quilz ont payes a M. Andre Catherinet pour ses droicts de visitte par luy faicte en lad. annee.

» Item, leur sera alloue dix sols pour deux pintes de vin par eux achepte pour porter en léglise le jour de Pasques de lad. année pour boire les communians. — Voilà un article qui mériterait certainement de nous arrêter longtemps; si nous ne nous trompons, c'est une réminiscence et une dernière trace de l'usage de la communion sous les deux espèces. Nous sommes sûr que l'article de nos bons marguilliers d'Aubigny frappera bien des ecclésiastiques, qui, très-probablement, ne s'attendaient pas à voir cet usage conservé dans les paroisses de notre diocèse jusque dans la seconde moitié du dix-septième siècle.

» Item, leur sera alloue la somme de trois livres pour

— 41 —

leur voiage davoir estez en la ville de Lengres Talmet Montsauljon pour tacher de treuver un pasteur pour faire le service de lad. eglise, par le commandement desd. habitans. — Cet article nous paraît un peu obscur, parce que le registre qui le rapporte est tellement rongé par les bords, que nous avons dû en deviner plusieurs mots. Du reste, le sens que nous lui avons donné se justifie par les articles suivants, qui prouvent que la paroisse a eu une mauvaise passe à traverser à cette époque; c'était dans le courant de l'année 1647.

» Item sera alloue ausdits rendans la somme de dix neuf livres dix huit sols quilz ont payez a Mess. Jehan Gallot prestre pour le service par luy faict en ladite eglise suivant quil se prouve par le jugement dont ils sont condamnez par le Sr Official de Lengres du vingt troisiesme septembre mil six cent quarante sept.

» Item sera alloue ausd. rendans la somme de unze livres par eux payee aud. Sr Gallot pour les despences par luy faictes en vertu dud. jugement par sa quittance en datte du douziesme novembre mil six cent quarante sept.

Item, six livres pour deux voiages par eux faicts expres en la ville de Langres en lassignation a eux donnee.

» Item, sera alloue la somme de quattre livres pour ung voiage par eux faict expres en la ville de Langres treuver Monseigneur de Langres pour tacher davoir ung vicaire apres le depart dud. Gallot.

» Item, leur sera alloue quattre livres pour les vins par eux paiez pour le marche faict tant avec led. Sr Gallot que le Sr Gibassier prestre.

» Leur sera alloué la somme de quarante livres qu'ils ont payee a Nicolas Poinsot couvreur pour avoir recouvrir tant le cœur de leglise de ce lieu que la nef suivant le marche en faict passe par devant Louot nottaire en datte du huictiesme janvier mil six cent quarante neuf.

» La somme de six livres payeez a Jehan Courvoisier pour les trois années dernieres pour avoir entretenu les

cloches, suivant sa quittance en datte du deuxiesme febvrier mil six cent quarante neuf.

» Leur sera alloue dix sols quils ont paiez a vostre greffier pour le coust dun acte dadvis a eux donne pour traic-
ter avec messire Jehan Baptiste Gibassier prestre pour
faire les services en lad. eglise.

» Leur sera alloue quinze livres tant pour le marche
faict avec led. Gibassier pour lassignation a eux donne a
la requeste dud. Gibassier...

» Et comme les rendans voulurent aller a Langres pour
faire saisir le revenu du prieur d'Aubigny, suivant les
pouvoirs a eux donnes par les habitans, pour avoir le
remboursement des services faictes en lad. eglise, ils furent contraints de presenter requeste tendant affin de
faire assigner led. Sr prieur pour laquelle ils ont paie a
Mr Bresson vingt sols, et pour lassignation et autres frais,
trente livres.

» Item, leur sera alloue quinze sols pour lachapt de
neuf sierges pour les tenebres du mercredy jeudy et ven-
dredy saint de l'année 1652. — En révisant le compte,
on a trouvé que 15 sous étaient trop pour les neuf
cierges, car on a écrit en marge du compte : *Alloue
X S.*

» Item, leur sera alloue vingt cinq livres qu'ils ont paie
a maistre Desbordes pour les services par luy faicts en lad.
eglise pendant le quartier doctobre novembre et decembre
de lad. année mil six cent cinquante deux.

» Item, leur sera alloue quatre livres dix sols quils ont
paie a maistre Claude Louot, procureur fiscal pour avoir
nourry des peres Capuchins le lendemain et second jour
de Noel de lan mil six cent cinquante et puis le jour de
lan apres.

» Item, quattre livres pour la despance faicte par Mr
Dauberive prebstre lorsquil vint en la paroisse de ce lieu
pour faire le service a Noel de lannée mil six cent quarante
huict par lespasse de plus de huict jours.

» Item, trente livres quilz ont paiez a Mess. Simpho-
rien Meot prestre pour la deserte par luy faicte en ladite
eglise.

» Item sera alloue ausd. rendans dix livres pour avoir baille vingt cinq repas aud. Sr Meot pendant quil venait faire le service de lad. annee. — En vérifiant cet article, le conseil du prévôt l'a trouvé beaucoup trop chargé ; il l'a réduit à 6 livres.

» Item, leur sera alloue quattre livres pour ung voiage par eux faict en la ville de Langres pour reprendre le corporalisse et aultre chose qui estoient entre les mains des heritiers dud. feu Sr Petitjehan, vivant cure de Prauthoy. — Cet article n'a été passé que pour XXX sols.

» Item, sera alloue ausditz rendans la some de vingt cinq livres quils ont paiez a Mre Anthoine Gisey curé pour trois mois de deserte par luy faicte en leglise de ce lieu, suivant sa quittance en datte du cinquiesme aoust mil six cent cinquante trois.

» Item sera alloue ausdictz rendans quarante solz pour despance faicte par Mr Gissey et les rendans le dimanche deuxiesme mars mil six cent cinquante trois lorsquils faisoient marché avec ledict Sr Gissey pour faire le service en leglise de ce lieu.

» Item, leur sera alloue dixhuit solz qui sont estez despancé par M. le cure de Chatoillenot et lesd. le dimanche neufiesme mars.

» Item sera alloue ausd. rendans cinquante quattre solz pour quatorze pintes de vin quilz ont fourny pour sept annees au jour de Pasques pour boire les communians. — N'oublions pas l'importance liturgique et historique de cet article, qui s'est déjà présenté plus haut, et qui confirme la persistance de l'un des plus curieux usages du moyen-âge continués jusque vers notre époque. Remarquons de plus que le prix de ces sept pintes de vin, estimées 54 sous par les marguilliers, a été réduit à *XXX sols* par le conseil qui a examiné leurs comptes.

» Et pour le sallaire desd. rendans qui auroient veu leur piece et dresse le present compte contenant soixante trois rolles de papier escript en grand volume, sera taxe pour chacun diceux deux sols six deniers.

» Plus leur sera alloue cinq livres quils ont paiez pour lachapt d'une paire de souliers quils ont achepte au sieur

Cheneveille prestre, que pour un bonnet quare qui est en leglise de ce lieu.

Nous terminons ici ce long extrait des comptes de la période des années 1647 à 1656, avec le regret que le dernier article, qui ne s'était présenté dans aucun des comptes précédents, ne soit pas plus explicite. Les *rendans* disent avoir dépensé 5 livres pour chausser et coiffer le sieur Cheneveille; ils auraient bien fait de nous dire le prix séparé de la *paire de souliers* et du *bonnet quaré.*

ANNÉES 1703-1722.

Durant ce laps de vingt ans, dont nous avons retrouvé les comptes complets ou résumés, il y a une foule d'articles sans importance, surtout à cause de l'époque très-rapprochée à laquelle ils se réfèrent. Mais il en est quelques autres par lesquels nous terminerons nos recherches et nos citations, à cause de certaines circonstances qui les rendent plus intéressants. Comme la date précise peut quelquefois leur donner un degré de curiosité de plus, nous l'indiquerons entre parenthèses à la suite de chaque fait mentionné.

« Plus six livres cinq sous huict deniers que jay donnés a Mr le cure de Prauthoy pour le livre baptistaire, le unze febvrier 1704.

» Et le vingt apvril 1704 je suis este à Langres querir le vaisseau de Ste Huille que jay rechange et le soleille que jay faict racommoder, dont jay donne vingt cinq sous a lorfebvre et quatre livres dix sous au potier destain

» Plus six sous pour unglivre blanc que jay acheté pour la fabrique (1704).

» Plus huict sous de gallon que jay acheté pour border les colliers des petites aubes des enfans (1704).

» Plus six sous que jay donné au mareschal pour une

clef pour le mestre descole pour sonner le midy
(1704).

» Plus trois sous de papier marqué que jay acheté pour
mestre dans le livre baptistaire, (1704).

» Plus le mesme jour (premier may 1711) jay donné doubze sous a M. le cure pour aller aux onctions.

» Plus trois sous que jay paye pour de la morte aux
ratte. — Ou peut croire que nous copions ce curieux document tout à fait à la lettre.

» Plus quinze sous pour ung livre que jay acheté pour
dire les espitres aux petits enfans a leglise (1711).

» Plus quinze sous pour avoir une paux pour couvrir le
misel (1711).

» Plus vingt cinq sous que jay donné pour du papier et
du vermilon rouge et de la gaume arabique (1713).

» Plus un voyage a Langres pour remener la cous-
turière avecque une chairette exprest, trente cinq sous
(1714).

» Plus sept sous que jay donne pour une coquil destain
pour chercher à leglise (1714).

» Plus trois livres dix sous que j'ay donne pour ung bo-
net caré que jay achete a Langres, presence de monsieur
le cure le 19 aoust 1715.

» Plus vingt sept sous que jay donné pour trois ceintu-
res que jay achetésçavoir une pour M. le curé et deux pour
les enfans (1716).

» Plus cinq voitures de laive (lisez lave) que jay tirée
pour mettre sur léglise a raison de cinq sous la voiture
(1716).

» Plus quinze sous que jay donné a la femme qui a ra-
comodé la Nostre Dame qui est sur lautel saint Claude a
leglise (1717).

» Plus vingt sous que jay donne a Monsr le lieutenant
general pour signer les livres baptistaires (1718).

» Plus seize livres dix sols que jai donné a M. Personne pour un Saultier quil a vendu pour leglise daubigny (1718).

» Plus dix sous que jay donne pour deux tournefaillet
(deux signets) pour le livre du pupitre (1720).

» Plus jay donne dix sous pour ung livre pour dire les espitres aux escoliers que le mestre descole fait chanter, ce quatre may 1721.

» Plus paye au maistre descolle quatre sous pour deux de *profondis,* le 4 may 1721.

» Plus jay payé a Mr Personne treize livres pour un Missel quil ma vendu pour ladite eglise de Vaux et Aubigny, ce 21 may 1722.

» Plus acheté une peau violette pour couvrir le missel, trente sols (1722).

Langres, imp. de E. L'HUILLIER.

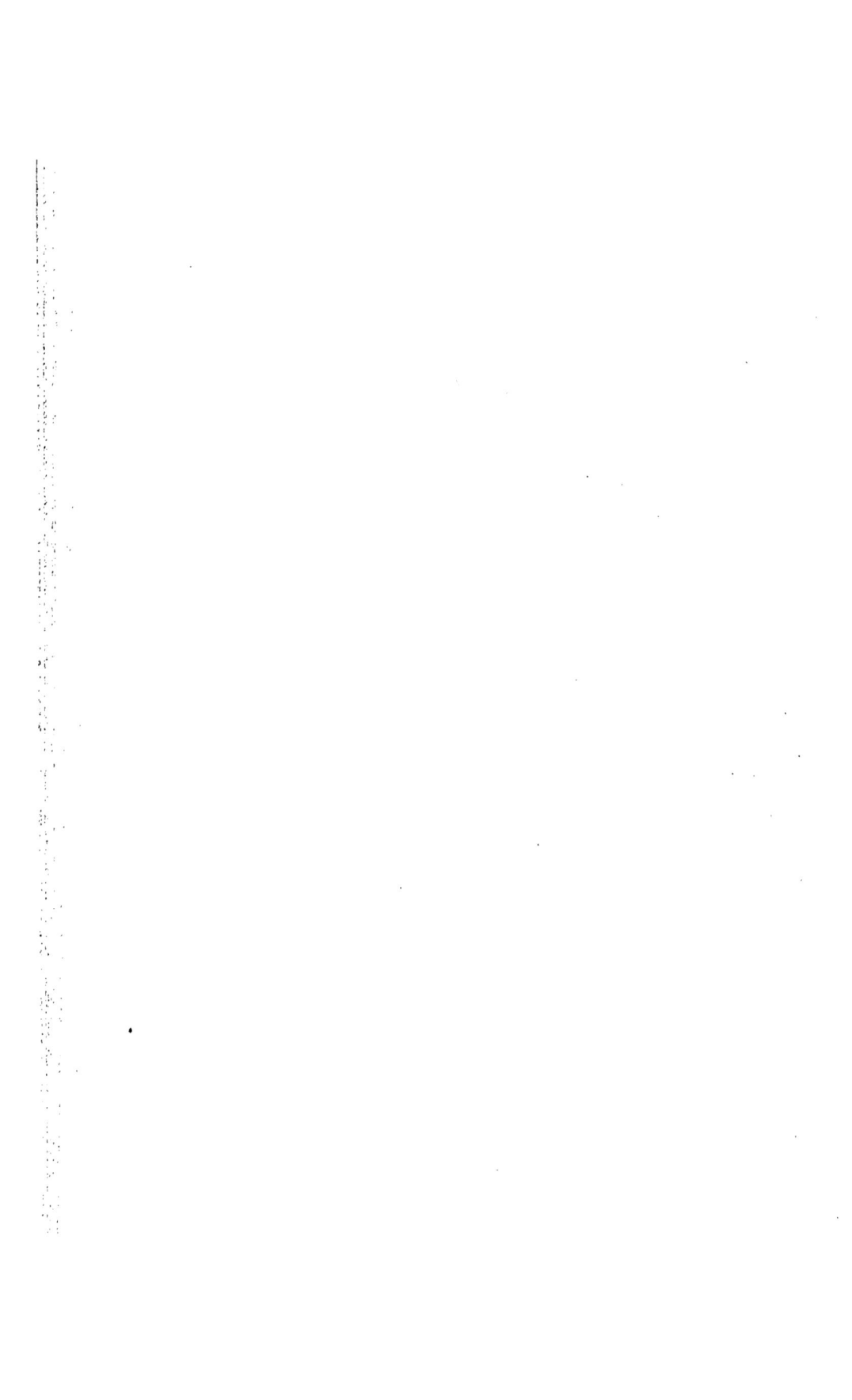

GLOSSAIRE

DE

QUELQUES MOTS PATOIS ET AUTRES

QUI SE RENCONTRENT

DANS LES VIEUX USAGES.

Parmi les mots français ou latins que nous avons eu occasion de rapporter textuellement dans les vieux titres du prieuré d'Aubigny, il en est plusieurs qui méritent d'être signalés à l'attention des érudits, et qui peuvent donner lieu à une courte étude philologique. Beaucoup d'entre eux sont cités dans le Glossaire de Ducange, qui s'appuie même quelquefois sur nos chartes; mais d'autres ne s'y trouvent point et mériteraient pourtant d'y figurer. Quelques-uns sont purement patois, et se sont conservés jusqu'à notre époque dans le langage des habitants des campagnes. Passons en revue les uns et les autres et bornons-nous, pour toute citation, à mentionner les années où ils figurent dans nos titres.

1. ASSETER. — Ce mot patois paraît venir du bas latin *assetare,* ou plutôt y avoir donné lieu. Ducange lui donne le sens de *sedere, assidere, asseoir* ou *poser* quelque chose; il s'autorise d'un passage de la chronique latine de Plaisance, de l'année 1388, et ne semble avoir connu aucun texte français où se rencontrât ce terme que nous

7

avons mentionné à l'année 1533. Dans les environs de Langres, on dit encore en patois *s'aissetai* pour *s'asseoir*.

2. Bauldes, bauldetz, bauldrets. — Ces divers termes désignent la même chose, c'est-à-dire les espèces de baudriers, de lanières ou de courroies en cuir auxquelles sont attachées les cordes pour sonner les cloches. C'étaient,par conséquent, les bourreliers qui étaient chargés de les confectionner, et qui les entretenaient à tant par an (1533, 1536).

3. Bening *(cierge)*. — Tous les cierges sont bénits, du moins par leur usage ; mais le nom de *cierge bénist* ou *béning* était réservé au cierge pascal, qui se bénissait solennellement le samedi saint. La forme du mot *bening* est à remarquer, en ce que, dans l'esprit du peuple, au XVIe siècle, il semblerait être dérivé de *benignus*. On sait que c'est le nom latin du premier apôtre du diocèse de Langres, saint Bénigne, qui a été altéré en Beneigne,Beroigne, Beroing, Broingt, etc. (1579-1580).

4. Boicte ou Boeste. — Il paraît qu'on appelait ainsi la coquille avec laquelle on quêtait dans l'église, et même, le plus souvent, le tronc où les fidèles déposaient leurs offrandes volontaires (1498).

5. Bonnes, pour *bornes*. — C'est ici un mot purement patois, qui s'est formé ainsi de la *faiblesse* avec laquelle nos paysans prononcent la lettre *r* dans beaucoup de mots. Ils disent, par exemple : *J'aivons potai vote live su lai table dé nonte chambe ai couchi;* nous avons porté votre livre sur la table de notre chambre à coucher (1536).

6. Brocquettes. — Ce sont, à proprement parler, de simples pointes de clou, ou, par extension, de petits clous en fer. Aujourd'hui encore on appelle en patois *breuquettes* les pointes des clous à ferrer, dont les maréchaux taillent l'extrémité qui dépasse l'épaisseur de la corne du pied des chevaux. Ce mot vient de *brocheta,* diminutif du latin *broccœ,* employé le plus souvent pour désigner de petites broches en bois, des chevilles ou des fossets de tonneau. Ducange cite des exemples de ces diverses signi-

fications, mais point de celle qu'on donne au mot *broc-quettes* en Champagne et en Bourgogne (1602).

7. BUÉE. — Voilà un mot qui disparaît peu à peu de la langue pour être remplacé par le mot *lessive*, que nous trouvons employé dès 1602. Le patois l'a conservé fidèlement, car on dit encore aujourd'hui *faire lai buie*, pour *faire la lessive*. En francais même, n'avons nous pas le dérivé *buanderie* (1496 et années suivantes)?

8. BURE. — Il est étonnant que ce mot, si répandu dans le diocèse de Langres, et même dans tout l'Est de la France, n'ait pas reçu le droit de bourgeoisie, quoique son dérivé *burette* soit parfaitement accueilli partout. On appelle *bure* un vase à boire, une cruche; le latin du moyen-âge a dû dire *bura, buria* ou *burra*, et pourtant le Glossaire n'en dit rien, si ce n'est au mot *bureta* (1535, 1603).

9 CAPUCHINS. — Nous disons ordinairement *capucins*, mais le mot patois ci-dessus se rapporte mieux à la prononciation de l'italien *capuccini*, comme à l'origine étymologique du mot *capuchon* (1650).

10. CHAIRETTE. — Nous disons en français une *charrette;* mais voici le mot patois des environs de Langres dans toute sa pureté (1714).

11. CHARROYER. — Ce mot signifie à la lettre *conduire avec un char;* nous disons le plus souvent *charrier*, mais l'autre mot rend beaucoup mieux l'idée de faire un *charroi* (1533).

12. CHERD. -- Nous reproduisons rigoureusement l'orthographe du texte; cependant le vrai mot patois qui devrait figurer ici est *chair*, corruption du mot *char*. Du reste nos paysans disent plus ordinairement *chaie*, car ils ne prononcent pas l'*r* (1533).

13. CHEUTE (prononcez *chute*). — C'est le féminin du participe passé du vieux verbe *choir*, en patois *chôre*. Aujourd'hui, nous dirions *chue*, quoique nous ayons conservé la forme ancienne dans l'expression *chape-chute* (1537).

14. CHIEULX, mis pour *chez*, est un des plus curieux

exemples que l'on puisse citer des altérations que subit un mot en traversant les siècles. Ménage prétend que *chez* vient du latin *apud;* qu'on juge du chemin qu'il a dû faire, en passant par *chieulx;* évidemment il était monté sur *Alfana,* fils d'*Equus* (1533 et années suivantes).

15 CHOPPINOTTES a été employé pour *burettes,* non-seulement en Picardie et en Normandie, comme on le voit dans Trévoux, mais encore en Champagne et en Bourgogne, ainsi que le prouvent nos comptes de 1603. Ducange constate qu'on a dit au moyen-âge *chopina* pour *cuppina,* diminutif de *cuppa,* une coupe; dans ce cas, *choppinotte* serait lui-même un diminutif du précédent.

16. CIEL, dans le sens de *dais,* est répété plusieurs fois dans les comptes de fabrique de 1602; ce mot s'est même conservé intact dans l'expression *ciel de lit.* Il est étonnant que Ducange et ses continuateurs l'aient omis parmi les diverses significations qu'ils ont données du mot *cœlum.*

17. CIMENT ou SYMENT. — A la manière dont on en parle, sous la date de 1603, il est à peu près certain qu'il s'agit ici de mastic à l'usage des verriers ou vitriers; ce qui tendrait à prouver que notre mastic actuel était inconnu alors, et qu'on y suppléait par une espèce de ciment ou de composition analogue.

18. COQUILLE. — On appelait ainsi la coupe avec laquelle on quêtait dans l'église, soit que ce fût dans l'origine une véritable coquille, soit qu'elle en eût seulement la forme. Du reste, ce mot est encore usité dans nos campagnes, où le plus souvent la coupe du marguillier quêteur ressemble à un ciboire en étain. Beaucoup d'églises, surtout dans les villes, se servent aujourd'hui de bourses (1580, 1714).

19 CORDEL. — Vieux mot signifiant simplement de la corde ou de la ficelle; il s'est conservé avec une légère altération, puisqu'on dit aujourd'hui *un cordeau.* Mais le patois des environs de Langres a gardé plus fidèlement la prononciation primitive, car il dit, en supprimant l'*r, ein codé,* pour *un cordeau* (1496).

20. CORPORALISSE. — Nous trouvons ce mot écrit ainsi dans un compte de 1653; il désigne la bourse dans laquelle on place le corporal, c'est-à-dire le linge que l'on étend sur l'autel pour y déposer le calice et la sainte hostie. Ducange constate qu'on a dit *corporalier* ou *corporallier* en 1316, 1403, 1416, etc. Peut-être ne trouverait-on pas beaucoup d'exemples du mot latin conservé aussi tard que celui que nous venons de relater en 1653.

21. COSSES *des cloches*. — Nous ne voyons pas bien clairement ce que voulait dire ce terme; cependant, comme il s'agit ici d'ouvrage de serrurerie, c'étaient peut-être des anneaux en fer, auxquels s'attachaient les cordes pour sonner les cloches (1579).

22. COURTINES. — Ce mot est un dérivé du bas latin *cortina*, d'où vient que l'on a dit aussi *cortines*. Il désignait proprement des rideaux, dans le genre de ceux que l'on suspend à un ciel de lit ou à un baldaquin d'autel. Il n'est plus guère usité dans ce sens aujourd'hui (1496).

23. CYMAISE. — Nous n'avons rien trouvé dans Ducange sur ce mot, qui paraît avoir eu une signification bien déterminée dans nos pays, car l'expression *cymaise de vin* se rencontre souvent aux XIVᵉ et XVᵉ siècles. C'était sans doute une mesure usuelle, mais nous en ignorons la contenance; si l'on s'en rapportait au prix qu'elle est cotée dans nos vieux comptes, on pourrait croire qu'elle équivalait à deux ou trois pintes (1496, 1498 et années suivantes).

24. DÉBONNEMENT. — Mot patois, mis pour *débornement*, ou mieux *abornement;* voyez ce que nous en disons au mot *bonnes* (1536).

25. DESPAISSELLARE. — Voilà du latin barbare, fait sur l'ancien français *dépaisseller*, qui voulait dire littéralement *arracher les paisseaux* ou les échalas des vignes. Ce mot pourrait bien être mis dans le supplément au Glossaire de Ducange, car il se rencontre deux fois dans notre charte de 1586.

26. DISNEY, écrit aussi *disné, disner*, et même *digné* (en 1602). Ce mot désignait le repas du milieu du jour,

que nous appelons encore *diner*. On trouve en latin *disne-rium* et *disnare* dès le XIIe et le XIIIe siècle. En 1289, une charte d'Adam, évêque de Meaux, mettait *dignerium seu prandium*. Voilà le vrai mot patois de nos contrées, où l'on dit invariablement *dégnai* pour *dîner*, soit nom, soit verbe. Bien plus, comme ce repas est le principal de la journée, son nom est devenu peu à peu le seul que l'on emploie pour dire *manger : Qu'a qu'é dégne don encô? El ai djai fait trô dégneis hojedèu.* — Que mange-t il donc encore? Il a déjà fait trois repas aujourd'hui (1495, 1533, 1602, etc.).

27. ENCENSIER, pour *encensoir*, paraît avoir été la forme primitive du mot qui désigne l'urne à encenser (1495).

28. ESCHIFFES (au lieu de *Eschisses*, que nous avons mis dans le texte). — Voici un mot qui a beaucoup exercé les philologues, et notamment Ducange et ses continuateurs. D'après de nombreuses citations, il s'écrit avec deux *ff*, mais quelquefois aussi avec deux *ss*, et paraît signifier de petits travaux de fortification appuyés sur ou contre un mur principal, tels que guérites, tourelles, éperons, contreforts. Sans trop approfondir de quoi il est question au juste dans la charte de Montsaugeon, nous dirons qu'elle est une de celles que le Glossaire a citées au mot *Eschif-fa*. Ducange l'avait lue à la bibliothèque du roi, carton 105, charte 83; seulement il a mal écrit le nom de la ville (*Montsanion*, pour *Montsaujon*); de plus il indique l'année 1363, au lieu de janvier 1364 (vieux style) pour 1365.

Nous saisirons cette circonstance pour faire remarquer que de tous les diocèses de France, celui de Langres est peut-être celui qui a fourni au savant auteur du *Glossarium* le plus de chartes, de titres et de documents philologiques. C'est encore une gloire à ajouter à tant d'autres qui honorent notre pays.

29. ESTOPPES. — Il est facile de reconnaître ici la forme primitive de notre mot *étoupes*, dérivé du latin *stupa*. En rapportant cet article, mentionné à l'année 1497 et à plusieurs autres, nous n'avons pas pu déterminer l'usage

— 55 —

auquel étaient employées les *estoppes* fournies par la fabrique aux fondeurs de cierges. Il est plus que probable qu'elles servaient à faire des mèches, à cause de la rareté du coton à cette époque. Nous disons rareté, pour ne rien dire de plus, car le coton était à peine connu en France au XV⁰ siècle, puisque ce n'est que deux cents ans plus tard qu'on a commencé à y établir quelques filatures et fabriques de tissus de coton; auparavant on les faisait venir à grands frais de l'Espagne, de Gênes ou de l'Orient. A propos de cierges, disons encore que c'est en France, et seulement dans les premières années du XVIII⁰ siècle, qu'on a imaginé pour la première fois de cacher de petits cierges dans des souches creuses, afin qu'elles conservassent toujours une même hauteur, et que la dépense en cire fût moins grande.

30. FILLETTE *de vin*. Ce ne sont pas nos bons *marregliers* d'Aubigny qui ont eu le mérite de l'invention de ces petits tonneaux, contenant un demi-muid, non plus que du nom plaisant qu'on leur donnait au XVI⁰ siècle. Cette dénomination était dès lors usitée à Paris, à Lyon, en Bourgogne et ailleurs; Charles Estienne la fait dériver du latin *fidelia*, tandis que Ménage la tire de l'italien *foglietto*. Quoi qu'il en soit, c'était alors et c'est encore aujourd'hui pour nos compatriotes une capacité de 120 pintes, tandis qu'à Lyon, la *fillette* ne valait qu'une chopine ou demi-pinte. En français, on dit maintenant *feuillette* (1498, 1533, etc.).

31. FORMÉR, pour *fermer*, est encore en usage chez beaucoup de paysans de la Haute-Marne; d'autres, par transposition de lettres, disent en patois *fromai*, pour dire *fermer* (1536).

32. GRANCHE, pour *grange*, traduit par *grangia* dans la basse latinité, n'est guère usité que dans nos pays; on dit en patois *gronge*, et je m'étonne que l'on ait écrit *granche* en 1536.

33. HAIX. — Il nous a fallu lire le contexte pour comprendre qu'il s'agissait là d'*ais* ou de planches, mot qui a pour radical le latin *axis* (1536).

34. Jaçoit est un vieux mot français, qui avait la signification *bien que, quoique, encore que* (1364).

35. Jonchée. — Quoique cette expression ne s'emploie
guè e aujourd'hui dans le même sens, elle a un air de
fraîcheur qui l'empêchera sans doute de disparaître de notre langue (1496).

36. Keur ou cueur, pour *chœur,* était employé jadis
dans une expression remarquable, que nous n'avons point
remplacée; on disait *tenir keur*, pour dire chanter au
lutrin, soutenir le chant durant l'office (1533).

37. Laive. — C'est ainsi que l'on appelle en patois les
pierres dures et minces qui s'extraient de nos carrières et
qui servent particulièrement à couvrir les toits, et quelquefois à paver les rues ou les maisons Ce mot est une
altération du francais *lave,* qui n'a pourtant point du tout
la même signification (1716).

58. Maignien. — Vieux mot qui paraît avoir désigné
un chaudronnier; dans le midi de la France, on appelle
encore du nom de *magnans* ces utiles industriels (1495).

39. Marégliers. — Voici l'un des mots les plus ri-
ches en variantes ; nous reproduisons toutes celles qui se
sont rencontrées dans les titres d'Aubigny, depuis 1491
jusqu'en 1766. On a dit successivement : *maregliers,
marigliers, marregliers, merregliers, marrigliers, margliers, margilliers,* et enfin *marguilliers,* qui est l'orthographe française actuelle. Par la forme même de ce
mot, on voit clairement qu'il dérive du bas latin *marre-
larius,* formé lui-même de *matricularius.* Ducange cite en
1403 : les chanoines et *marregliers* de la saincte chapelle
de notre palais royal; en 1406, les *margliers,* etc.

40. Messerie. — Il y a beaucoup d'obscurité dans la
signification de ce mot et de ses dérivés, aussi Ducange
s'étend-il longuement sur *messarius,* qui en est le radical.
En général, il désignait tous les fruits et revenus des
terres, dont la garde était confiée à un *messier,* nous dirions aujourd'hui à un *garde-champêtre.* Ainsi, quand les
comptes de la fabrique d'Aubigny mentionnent la cire de
la messerie, ils veulent parler de celle qui se recueillait

des mouches de l'église (1579), par opposition à celle qu'il fallait acheter pour compléter le luminaire des fêtes (1495 et années suivantes).

41. MISSION, MISSIONNER, s'employaient au quinzième et au seizième siècle dans le sens de dépense ou emploi de l'argent; c'est à peu près ce que signifient aujourd'hui les mots *commission* et *commissionner*, dans la langue du commerce (1491).

42. MORTE AUX RATTES. — Cette expression singulière désignait autrefois de l'arsenic, et, par extension, toute espèce de poison destiné à la destruction des souris (1711).

43. NECTIER, NETTYER. — Orthographe ancienne du verbe *nettoyer*, qui rappelle mieux l'étymologie latine, et qui signifie la même chose. En patois, on dit, d'après le fran çais, *naitoïai* (1496, 1556, 1602).

44. NOTTE (*messe à*), vieille expression qui veut dire une grand'messe ou une messe chantée; elle a disparu de notre langue (1579).

45. NOUVELLETÉ (*matière à*). — Terme de jurispru dence ancienne, qui désigne d'une manière générale tout ce que l'on peut faire pour troubler quelqu'un dans la jouis-sance de ses propriétés (1535).

46. NOVALLES (*dixmes*) — On appelait ainsi les dîmes qui étaient imposées sur les terres défrichées *nouvelle-ment*, c'est-à-dire depuis moins de onze ans (1603).

47. OEUVRER, OUVRER — Nous n'avons conservé ce vieux mot que dans un petit nombre de cas, et dans ses dérivés *œuvres* et *ouvrages;* il signifiait jadis *opérer, tra-vailler, mectre en besongne,* comme on le trouve expliqué en l'un de nos titres. Ainsi, on disait : Il est défendu *d'ouvrer* les dimanches et festes (1495 et années sui-vantes).

48. PAISSEAUX. — Quoique l'Académie n'ait point don-né droit de bourgeoisie à ce terme, il n'en est pas moins très-usité dans tout l'est de la France comme synonyme *d'échalas.* Il n'est pas nouveau non plus, puisque nous le trouvons mentionne il y a près de cinq cents ans dans

des .itres particuliers. On le fait venir avec raison du mot
latin *palicellum,* mais on l'a traduit au moyen âge par
ceux de *passillus* et *peisellus* (1386).

49. Papier marqué. — L'usage du papier timbré ou
marqué n'est pas très ancien en France; il y a même des
provinces qui ne l'ont point adopté jusqu'à la grande révolution. Nous pouvons en citer deux exemples récents. Le
27 mars 1721, dans l'acte d'une vente d'immeubles faite
à Neuilly, le vendeur est dit demeurer présentement à
Voisey, comté de Bourgogne, où le papier timbré n'est
point en usage. Le 10 février 1753, un contrat, passé à
Paris, mentionne un fait analogue : « Le brevet original
de laquelle duement légalisé, faisant mention que le papier timbré, controlle et petit scel ne sont point en usage
en ladite ville de l'Isle (en Flandre). » Du reste, n'oublions pas que si, dans le bailliage de Langres, le papier
timbré a été employé plus tôt, il n'y était pas d'une valeur
désespérante : les marguilliers achetèrent, en 1704, de
quoi compléter le livre baptistaire, et cela ne leur coûta
que 3 sous.

50. Pidance. — Probablement que ce mot n'a ici d'autre signification que celle de *pitance* ou provisions de bouche (1535).

51. Prodhommes. — Nous écrivons aujourd'hui *prud'-
hommes,* qui est une contraction de *prudes hommes,*
c'est-à-dire *hommes prudents* (1536).

52. Quérir, querre. — Ces deux mots sont tellement
nécessaires en français, pour conserver la signification du
latin *querere,* qu'ils sont restés presque intacts durant de
longs siècles. Ils ont passé dans notre patois, mais avec
une oblitération telle qu'on a de la peine à les reconnaître;
on dit *cri : Vah qu'a don tai biaude? Chemaine lai cri.*
— Où est donc ta blouse? Va-t'en la chercher (1496 et
années suivantes).

53. Queues de renard. — Aux notes que nous avons
déjà données à propos de cette dénomination des goupil-
lons ou aspersoirs, nous ajouterons que d'anciens comptes
de la cathédrale de Paris prouvent qu'au moyen-âge on

s'y servait également de *queues de renard* pour jeter de l'eau bénite *(Dictionnaire de Trévoux)*.

54. RAMÉE. — Tous les ans, pour la Fête Dieu, la fabrique devait se procurer à ses frais une certaine quantité de rameaux, soit pour dresser le reposoir, soit pour orner le parcours de la procession (1496 et années suivantes).

55. RELIQUIAIRE. — C'est la première fois que nous voyons employer ce terme pour désigner un ostensoir; il nous semble du moins que c'est là le vrai sens qu'on doit lui donner en rapprochant et en comparant les deux textes suivants : « Item, pour ung aultre voiaige porter audict Lengres les deux petitz calices et le reliquiaire (1499). — Pour avoir paye pour la réfection du reliquiaire et y avoir mis des lunettes pour mectre devant le corps de Dieu le jour de feste Dieu (1536). » Nous livrons nos doutes aux archéologues et aux liturgistes qui ont étudié les usages religieux du moyen-âge. Quant au mot *ostensoir*, il est tout à fait moderne, et a étélongtemps remplacé par celui de *soleil*.

56. RENVAYSONS. — La lecture de ce mot nous a embarrassé, et nous doutons de l'avoir bien reproduit, ainsi que nous le disions sous la date de 1535; mais tout porte à croire qu'il est l'équivalent de *Rogations*.

57. SARRER, pour *serrer,* est un mot pur patois, qui s'est conservé jusqu'à présent dans nos contrées, soit avec le sens d'*étreindre*, soit avec celui de *mettre à couvert* (1533).

58. SAULSOYE. — Vieux mot, qui a entièrement disparu de notre langue, quant à la signification qu'il avait aux XVe et XVIe siècles. Alors, il voulait dire tiges d'osier ou petites branches de saule. Aujourd'hui, nous disons et nous écrivons *un saule* et *une saussaie* (lieu planté de saules), tandis qu'en patois on dit *eine saùsse, eine saussaie,* (1496 et suiv.).

59. SCELLET. — Nous n'avons pas bien saisi d'abord le sens de ce mot; toutefois, en relisant avec attention l'article de 1496 où il en est question, nous croyons qu'il s'agit d'un bénitier portatif, en forme de *petit seau,* fait par

un chaudronnier. Le seul scrupule qui puisse nous em-
pêcher de nous prononcer d'une manière absolue, c'est de
voir échanger *ung viel scellet rompu pour ung aultre
tout neufz*, et donner comme retour la valeur d'un *demy
muy de vin*.

60. SOLEIL, SOLEILLE. — Nom sous lequel on a désigné, au dernier siècle, et même de nos jours, l'ostensoir
destiné à exposer la sainte hostie. Les personnes qui ne
choisissent pas leurs termes disent tout simplement *le
Saint-Sacrement* (1704).

61. TOURNE *a mectre huylle*. — Expression qui désigne évidemment un vase; mais l'article de 1602 où il en
est parlé le mentionne comme l'ouvrage d'un tonnelier,
au prix de 4 sous 6 deniers, d'où il faut conclure qu'il
était de peu de contenance, sans doute un broc, un seau,
ou un petit baril.

62. TOURNEFEILLET. — Au lieu de ce terme vulgaire,
qui désigne les petits rubans destinés à marquer les pages
dans un missel ou autre livre, nous disons aujourd'hui un
signet.

63. TREUVER. — Vieux mot, que nous prononçons
aujourd'hui *trouver*. Nos paysans continuent cependant de
dire *je treuve*, etc.; on dirait qu'ils sont fiers de parler
comme leur illustre compatriote La Fontaine :

Dieu fait bien ce qu'il fait. Sans en chercher la preuve
En tout cet univers, et l'aller parcourant,
Dans les citrouilles je la treuve.
(*Le Gland et la Citrouille*).

64. VINS BUS (les). — Lorsqu'on faisait un marché, un
accord, un arrangement quelconque, il était d'usage, dans
le bon vieux temps, de payer ce qu'on appelait *les vins*,
ou *les vins bus*, soit qu'ils fussent réellement consommés,
soit qu'on se bornât à stipuler une petite somme supplé-
mentaire que l'acheteur devait payer avec le principal.
Presque toujours cette formalité était mentionnée dans
les contrats et autres actes passés officiellement. Sans mul-
tiplier les exemples, ni même rappeler ceux du XVIᵉ et du

XVII⁰ siècle que nous avons cités, en voici un moderne et accompagné de détails intéressants. Il est tiré de cet acte de vente du 27 mars 1721 dont nous avons parlé à l'article *papier marqué*. Divers immeubles sont vendus moyennant 800 livres de principal achat, 11 livres de vins, 10 livres pour une coiffe à la femme du vendeur, 10 livres pour les épingles de son fils, et 5 livres pour celles de sa fille.

65. Vuydange. — On employait autrefois ce mot dans le sens de l'adjectif *vide;* on disait *un tonneau vuydange, une fillette vuydange.* comme on le voit à l'année 1535.

UN HABITANT DE LA Hᵗᵉ-MARNE.

Langres, imp. de E. L'HUILLIER.

www.ingramcontent.com/pod-product-compliance
Lightning Source LLC
Chambersburg PA
CBHW071301200326
41521CB00009B/1869